D1825402

MACPHERSON

MAGAZINE chefs

RECETA PATÉ DE SETAS VEGANO Y TOSTA DE PIMIENTOS CON AGUACATE

Cristina López

UN LIBRO MACPHERSON MAGAZINE

https://macphersonmagazineeditorial.com

Título original: Macpherson Magazine Chef's - Receta Paté de setas vegano y tosta de pimientos con aguacate

Receta de: Cristina López

MACPHERSON MAGAZINE

DISEÑO Macpherson Magazine   DIRECTOR ARTÍSTICO Macpherson Magazine

JEFE EDITORIAL Macpherson Magazine DIRECTOR EDITORIAL Javier Rodríguez Macpherson

CONTROL DE PRODUCCIÓN
Macpherson Magazine

MACPHERSON MAGAZINE

EDITOR ARTÍSTICO Macpherson Magazine
EDITOR EJECUTIVO Macpherson Magazine

Publicado originalmente en España en 2019 y revisado en 2019.
Esta edición: publicada en 2019 por
Macpherson Magazine, Barcelona

Publicación de Editorial Macpherson Magazine, Inc.

www.macphersonmagazineeditorial.com

Paté de setas vegano y tosta de pimientos con aguacate, recetas para un picoteo saludable

Te proponemos un paté de setas vegano y una deliciosa tosta de pimientos confitados con aguacate, perfectas para un picoteo saludable del finde.

Preparación: 60 min.　**Dificultad:** Fácil

Personas: 2

Hoy os traemos dos propuestas de canapés veganos sencillos y originales. Con estos entrantes sin carne vas a dejar a todos con la boca abierta, tanto veganos, vegetarianos como omnívoros.

<u>Ingredientes</u>

- Aguacates, 2
- Pimientos del piquillo, 360 g
- Azúcar moreno, 2 cucharadas
- Vinagre de jerez, 1 cucharadita
- Aceite de oliva, 1 cucharada
- Sal, 1 cucharadita
- Tostas, un paquete
- Preparación de tostas de aguacate y pimientos caramelizados

Ingredientes para el paté de setas vegano

- Setas shiitake, 150 g
- Champiñones, 150 g
- Cebolla, 1
- Calabaza, 250 g
- Nueces, 30 g
- Salsa de soja, 200 ml
- Vino blanco, 100 ml
- Caldo de verduras, 200 ml
- Aceite de oliva, 1 cucharada
- Sal, 1 cucharadita
- Pimienta, 1 cucharadita
- Romero, 1 tallo
- Cebollino, 3 tallos

01: Cortar los ingredientes

Pelamos y picamos en dados la cebolla, las setas shiitake, los champiñones y la calabaza. Como vamos a triturar todo más tarde, no importa mucho el tamaño y la precisión del corte.

02: Sofreír

En una sartén honda, olla o cazuela echamos el aceite de oliva y dejamos que caliente bien. A fuego medio, pochamos la cebolla hasta que coja color. A continuación, agregamos la calabaza y seguimos pochando. Removemos y salpimentamos. Incorporamos los hongos. Repetimos el proceso. Una vez tengamos todos los ingredientes mezclados y coloridos, agregamos el vino y lo dejamos hervir un par de minutos a fuego medio hasta que evapore el alcohol.

Evaporado el vino, es hora de regar nuestro paté vegano con caldo de verduras, la salsa de soja y el romero. Lo dejamos cocer durante 20 minutos hasta que reduzca todo el líquido y los ingredientes estén completamente cocinados.

03: Triturar

En una batidora o picadora, incorporamos todos los ingredientes que acabamos de sofreír. Le añadimos las nueces. Molemos bien y probamos por si fuese necesario rectificar de sal y pimienta.

04: Servir

Dejamos atemperar el paté unos 30 minutos antes de comer. Preparamos en una bandeja o en un plato grande las tostas o rebanadas de pan al gusto y las untamos con el paté de shiitake. Una vez tengamos el plato listo, decoramos con un poco de cebollino picado por encima. ¡Listos para disfrutar de este increíble entrante!

05: Preparar el aguacate

Elegimos unos aguacates muy maduros para poder aplastarlos. Cortamos los aguacates en mitades. Le sacamos los huesos y con la ayuda de una cuchara separamos la piel de la carne. La cortamos en trozos pequeños. Seguidamente, incorporamos los pedazos de aguacate en un bol y machacamos con un tenedor. También se puede majar con un mortero. Es recomendable no usar utensilios de metal para evitar la oxidación.

06: Caramelizar los pimientos

En una sartén con el aceite bien caliente, añadimos los pimientos del piquillo ya escurridos, el azúcar moreno y el vinagre de jerez. Los dejamos cocinar a fuego medio-bajo aproximadamente 30 minutos. Removemos de vez en cuando.

07: Servir

Preparamos el montaje. Colocamos las tostas en una superfície plana. Untamos el aguacate y colocamos uno o dos pimientos por encima, dependiendo del tamaño de la rebanada o tosta.

Notas

Como siempre, elegimos platos sencillos, sabrosos, económicos y muy saludables. Vamos a hablar de los dos ingredientes principales de nuestros canapés veganos: las setas shiitake y los pimientos del piquillo.

Las setas shiitake son indispensables en la cocina asiática, sobre todo en la gastronomía japonesa. El shiitake contiene el mayor aporte de fibra de todas las setas cultivadas. Además, posee fructoligosacáridos, no muy comunes en los alimentos, y responsables del desarrollo de bacterias intestinales beneficiosas. Los shiitakes frescos contienen muchas de las vitaminas del grupo B, sobre todo B2, B3, B5, B6 y B9. También, destacan por su contenido en minerales como el magnesio, fósforo, potasio, hierro, cobre… De los minerales destaca su aporte de cobre, que refuerza el sistema inmunitario y ayuda a combatir procesos inflamatorios.

Otras de las propiedades medicinales de las setas shiitake se deben a un componente llamado lentinano, un polisacárido que regenera y refuerza las defensas del organismo. Estas virtudes para la salud han hecho que se pongan de moda también en occidente, y de hecho su cultivo en Europa se ha incrementado mucho en los últimos años. Preparar paté vegano como picoteo cuida de tu organismo y evita comidas grasientas.

En segundo lugar, los archiconocidos pimientos del piquillo destacan por su alto contenido en vitamina C y vitamina B6, vitamina A, vitaminas del grupo B2 y vitamina E. Además, al ser ricos en licopeno.

Si quieres evitar cantidades copiosas de comida en días de buena mesa, ve sobre seguro y prueba algo diferente con estos sabrosos canapés veganos..

La Editorial Macpherson Magazine trae un nuevo libro, pero esta vez un libro de recetas o guía. Para poder hacer Paté de setas vegano y tosta de pimientos con aguacate, se mostrara paso a paso y con fotografías. Macpherson Magazine a partir de ahora, lanzará un libro de recetas de cada comida.

Lightning Source UK Ltd.
Milton Keynes UK
UKRC020918081019
351188UK00009B/138